Klaus Miedzinski

Die Bewegungsbaustelle

— Kinder bauen ihre Bewegungsanlässe selbst —

vml verlag modernes lernen - Dortmund

Dieses Buch ist unter der Mitwirkung einer Reihe von Kindern, Eltern, Erzieherinnen und Studenten entstanden. Wesentlichen Anteil hatten Kinder und Eltern des Kindergartens der ev.-luth. Gemeinde Braunschweig-Bevenrode mit ihrer Leiterin Renate Balke. Möglich wurde dies durch die Mitarbeit von Ilse Jüntschke als Leiterin der Fortbildungsmaßnahmen für Kindergärten des Diakonischen Werks Braunschweig. Ihnen allen gilt mein herzlicher Dank.

Dank sagen möchte ich auch den beiden Hochschullehrern am Institut für Sportwissenschaft in Braunschweig Gerhard Landau und Karl-Heinz Leist für beratende Unterstützung.

Zeichnungen: Wolfgang Nevermann
Fotos: Frank Achilles, Klaus Miedzinski

---

5. unveränd. Aufl. 1995

Herstellung: Löer Druck GmbH, 44139 Dortmund

Bestell-Nr. 1120 ISBN 3-8080-0061-9

Inhaltsverzeichnis

1. Vorwort

Mit der Grundidee der ,,Bewegungsbaustelle'' stellt Klaus Miedzinski ein erzieherisches Programm vor, dem ähnliche Bedeutsamkeit zuzumessen ist, wie dem ,,Baukasten'' von Friedrich Fröbel.

Was Fröbels Baukastenidee für die feinmotorische Entwicklung und den konstruktiven Umgang der Kinder mit Materialien leistet, kann man nahezu analog für die großmotorische Entwicklung der Bewegungsbaustelle unterstellen. Die in dem Buch gewährten Einblicke in die Bau-, Bewegungs- und Spielszenen belegen in überzeugender Weise, wie die Kinder in lebendiger Vielfalt mit der Idee umzugehen wissen und sie konstruktiv auszugestalten verstehen.

Im Sinne einer freudvollen und erfahrungsoffenen Bewegungsentwicklung ist der Bewegungsbaustelle zu wünschen, daß sie überall da, wo Kinder aufwachsen, diese als Bau- und Bewegungsmeister gewinnt und anstachelt.

Mai 1983 **Gerhard Landau**

2. Einleitung

,,Kinder und Jugendliche sind mehr und mehr Objekte der Entwicklung, sie werden entwickelt. Dabei sind Kinder in der Lage, ihre eigene Entwicklung als Subjekt zu betreiben, sich aktiv auf die Umwelt einzustellen, zu lernen, zu experimentieren.

Dazu muß das Kind tätig sein können, wirken können, Kausalitäten und Zusammenhänge erleben können. Es muß auch Mißerfolge haben können, ohne nachhaltigen Schaden zu erleiden'' (ERKE 1980, 5)

Die hier vorgestellte Idee der ,,Bewegungsbaustelle'' ist zunächst im Rahmen eines Projekts zur Förderung von Spiel und Bewegung im Vorschulalter aufgegriffen und in ihren Grundzügen unter dem Leitsatz ,,Hilfe zur Selbsthilfe'' in Zusammenarbeit mit Erzieherinnen, Studenten, Eltern und Kindern unter Leitung des Autors in die Tat umgesetzt worden. Der Gedanke einer ,,Bewegungsbaustelle'' wurde erstmals von der FRANKFURTER ARBEITSGRUPPE (1982) in ihren Arbeiten zur Reform der Sportlehrerausbildung angesprochen. Von dort ist die Anregung aufgenommen.

Die ,,Bewegungsbaustelle'' versteht sich ale eine Möglichkeit, Kindern die Chance zu geben, selbsttätig ihre Bewegungsumwelt mitzugestalten, d. h. in aktiver Auseinandersetzung mit den Dingen mehr über deren Eigenschaften und Handhabung, sowie über den eigenen Körper zu erfahren. Das Erlebnis des Gelingens ihrer Baupläne und Bewegungsabsichten durch gemeinsame Bemühungen und das lustvolle Erfahren der damit verbundenen Bewegungsexperimente vermittelt Selbstvertrauen und Bewegungssicherheit und schafft Zugänge zu neuen Unternehmungen und Wagnissen.

Die begeisterte Aufnahme der Bewegungsbaustellenidee durch die Kinder und Eltern ermutigte mich zu diesem Buch, um vielen anderen Erzieherinnen, Eltern und Kinder unsere Vorstellungen von einer interessanten Bewegungsumwelt zugänglich zu machen.

Die Vorschläge zur Bewegungsbaustelle sollen anregen, aufgrund eigener Möglichkeiten, neuer Kombinationen, anderer Materialien in Bau- und Spielaktionen die Idee weiterzuentwickeln. Unsere Erfahrungen sollen ermutigen, erste Schritte zu wagen. Dabei schwingt die stille Hoffnung mit, daß manche Idee über den Kindergarten hinaus auch im Wohnbereich verwirklicht wird, daß sich Eltern mehr mit der Bewegungsentwicklung ihrer

Kinder beschäftigen und ihnen vielfältige Gelegenheiten zu intensiven Bewegungs- und Konstruktionsspielen anbieten (wie es teilweise seitens der beteiligten Eltern geschehen ist).

Manche Vorstellungen lassen sich auch ansatzweise in einem anderen Rahmen verwirklichen, wie z. B.: in Elterninitiativen innerhalb eines Wohnviertels (z. B. betreuter Spielplatz), sowie in Kindergruppen der Turn- und Sportvereine. Auch innerhalb der Grundschule gibt es viele Gelegenheiten (Klassen- und Schulfeste), Bewegungsbaustellen einzurichten und damit für eine willkommene Abwechselung im Schulalltag zu sorgen.

3. Kinder brauchen Gelegenheit für großräumige Bewegungen

Durch Bewegung und Spiel lernen Kinder, über den eigenen Körper zu verfügen, sich mit ihren Körpern und ihren Bewegungen auf unterschiedliche Umweltgegebenheiten einzulassen. Besonders wirkungsvoll ist eine Spiel- und Bewegungsförderung, wenn sie Kinder ständig zu unmittelbarem Handeln und zur selbständigen Bewältigung ,,handfester'' Probleme anregt. Hierzu müssen Freiräume als Bewegungsanlässe bereitgestellt werden, in denen Kinder zur Problembewältigung geradezu herausgefordert werden. Situationen sind so aufzubereiten, daß sie ein unmittelbares, persönliches Interesse am Lösen von Bewegungsproblemen hervorrufen. Neugier, Lust am Erkunden und Erlebnishunger kommen dabei ins Spiel. Kinder möchten ständig ihre Kräfte zum Einsatz bringen, ihr Können und Geschick unter Beweis stellen — und das in möglichst großer Selbständigkeit.

,,Tätig sein'' vollzieht sich bei Kindern heute aber größtenteils im ,,kleinmotorischen Bereich''. Allzu häufig sind sie einer Fülle von technisch perfekten Spielzeugangeboten ausgeliefert, die nur wenige Handgriffe erlauben, auf wenige Spielabläufe festgelegt sind und so nur ein kurzes Interesse hervorrufen. Eltern achten bei engen Wohnverhältnissen auf Sauberkeit und Schonung der Wohnungseinrichtung, Kinder können somit keine raumgreifenden Entdeckungen machen und sind gezwungen, ihr Spiel möglichst geräuschlos auf kleinstem Raum zu betreiben. Ihr unermüdlicher Drang nach großräumiger Bewegungsauslassung ist ständig beschnitten. Bewegungserfahrungen wie Wälzen, Krabbeln, Hüpfen, Schaukeln (am liebsten unter Einbeziehung verschiedener Möbelstücke wie Kissen, Stühle, Tische, Polster . . .), die Bewegungsfreude und Sicherheit vermitteln, werden schon im Ansatz unterbunden. ,,Lustbetontheit, Initiative, Spontaneität, Kreativität, unkonventionelles Handeln sind manchen Eltern fremd oder fremd geworden, vielleicht erscheinen sie ihnen unnütz oder in bestimmten Situationen unangebracht und riskant.'' (SCHOTTMAYER 1976, 26). Fortwährendes Verwehren der Bewegungsauslastung führt häufig zu überschießenden, hektischen Bewegungsausbrüchen und auch zu einer allgemeinen Unsicherheit im Gesamtverhalten des Kindes.

Über Kinder und ihr Bewegungsleben schreiben Horst EHNI u. a. in dem Bildband ,,Kinderwelt: Bewegungswelt'':

,,Kinder erleben sich und die Welt auf ihre eigene Weise. Bewegung spielt dabei eine große Rolle. Sie vermittelt zwischen den Kindern und der Welt, die so zu ihrer eigenen wird. Kinder bewegen sich, müssen und wollen sich bewegen, weil sie Kinder sind; sie greifen, sie krabbeln, sie springen und toben . . . So entwickeln sie sich und so lernen sie sich und ihren Körper, ihre Umwelt und ihre Mitmenschen kennen. Natur und Kultur, Lernen und Können, Gelegenes und Verbotenes, verborgene Wünsche und sichtbare Werke . . . , eben die ganze Welt erschließen sich Kinder durch Bewegung. Wer sich nicht bewegt, dem bleibt vieles verschlossen.''

4. Die Grundidee der Bewegungsbaustelle

Gelegenheiten für großräumige Bewegungen der Kinder werden in der Regel durch vorgefertigte Situationen geschaffen: die Rutsche, das Klettergerüst, die Schaukel, die Wippe, Röhren zum Kriechen u. ä. auf dem Spielplatz — oder Geräte wie Kletterturm, Mehrzweckgerät u. a., die in den Turnstunden im Kindergarten zum Einsatz kommen.

Die Handlungsmöglichkeiten der Kinder sind dabei weitgehend vorgegeben, auch die damit eventuell verbundenen Risiken mitbedacht. Die Variationsbreite für Bewegungen ist relativ gering, das heißt, viele Bewegungen werden sich stereotyp wiederholen.

Die beschriebenen Bewegungssituationen bieten wenig Gelegenheit, Materialeigenschaften kennenzulernen, Geräte zu verändern, Dinge zu heben, zu tragen oder mit anderen zu kombinieren. Die Grundidee von ,,Bauen und Bewegen'' liegt dagegen darin, einen Weg aufzuzeigen, der die ,,großräumigen'' Bewegungen der Kinder fördert. Selbständiges, umsichtiges und phantasievolles Umgehen mit Materialien vermittelt den Kindern Kenntnisse über Eigenschaften und Funktionen der Dinge, legt Gefahrenmomente offen und gibt zunehmende Bewegungssicherheit.

Hierfür bieten sich einfache Bauelemente wie Bretter, Balken, Lkw-Schläuche, Autoreifen, Walzen, Teppichreste usw. an. Der Umgang mit diesen Materialien schafft Gelegenheit zu vielfältigen großmotorischen Bewegungserfahrungen: die Kraft gezielt einsetzen, sich behutsam und umsichtig oder überschäumend bewegen; kippeln, gleiten, rutschen, Gleichgewicht erproben, überwinden, durchschlüpfen, hinaus-, hinüber- und hinabsteigen. In diesem Zusammenhang werden Bewegungen herausgefordert, die direkt auf den Alltag übertragbar sind und sich somit ein deutlicher Bezug zur lebenspraktischen Realität ergibt. Die Kinder lernen physikalische Eigenschaften und Gesetzmäßigkeiten der Materialien kennen und bringen die Verhältnisse von

groß — klein, breit — schmal, lang — kurz, oder rauh — glatt, hart — weich, schwer — leicht, beweglich — unbeweglich

in ihren Abstufungen in Erfahrung. Die Materialien werden erfahren in ihrer Räumlichkeit, Schwere, in der unterschiedlichen Verwendbarkeit und situationsgemäßen Nutzung. Heben, Tragen, Stützen, Schieben sind Aktivitäten, durch die sich der Schatz an Erfahrungen über die Eigenschaften der Dinge ständig vergrößert.

Im Umgang damit gewinnen die Kinder zunehmend Kenntnisse über Kombinationsmöglichkeiten der Materialien, finden Konstruktionsmöglichkeiten heraus und erkennen und konstruieren unterschiedliche Raummuster. Die Funktionsfähigkeit, Haltbarkeit und Tragfähigkeit ihrer Konstruktionen testen sie selbst durch Bewegungsexperimente. Es gibt keine fertigen Bewegungssituationen, die Kinder schaffen sich ihre eigenen Bewegungsanlässe mit Hilfe der Bauelemente auf ihrer „Bewegungsbaustelle".

Durch Konstruktions- und Transportprobleme kommt es zu gemeinsamem Handeln, zu gegenseitigem Helfen und Absprachen. Je nach Konstruktion der Materialien schaffen sich die Kinder durch Bauen und Interpretation ihren jeweiligen Bewegungsanlaß; es entwickeln sich Rollenspiele.

Bei Anschaffung, Bearbeitung und Nutzung entsprechender Materialien sollten im ersten Schritt Kinder, Eltern und Erzieher gleichermaßen beteiligt sein. Die Kinder sind bereits an den ersten Arbeitsgängen beteiligt, indem sie z. B. Gegenstände bemalen, Holzteile glattschmirgeln und erste Versuche mit dem Material unternehmen.

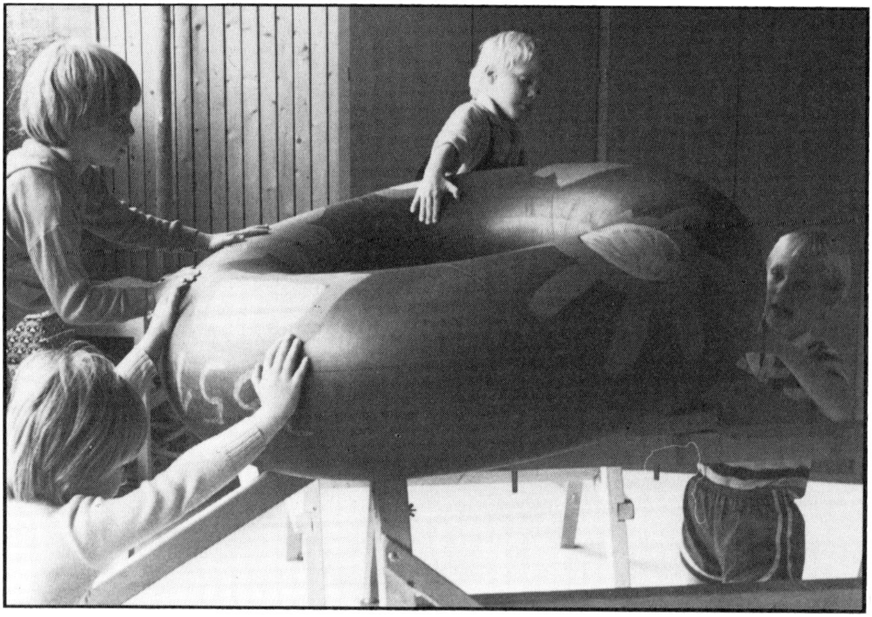

Um die Ideen praktisch werden zu lassen und möglichst vielen Kindern zugänglich zu machen, bietet sich der Kindergarten als mögliche Vermittlungsinstanz an.

4.1 Praktische Erfahrungen mit der Bewegungsbaustelle

Im Rahmen eines Seminars ,,Spiel- und Bewegungspädagogik'' haben wir zunächst die Grundidee von ,,Bauen und Bewegen'' aufgegriffen und als Projekt in Zusammenarbeit mit dem Diakonischen Werk Braunschweig für Kindergärten geplant. Der Ablauf der Projektarbeit läßt sich in folgenden Schritten darstellen:

— Zunächst versuchten wir unsere Vorstellung von einer ,,Hilfe zur Selbsthilfe'' über eine enge Zusammenarbeit von Erzieherinnen, Studenten und Kindern und Eltern einzulösen. In der Eingangsphase konnten alle Erfahrungen mit Alltagsmaterialien sammeln: zunächst mit Kleinmaterial (Papier, Tücher, Hölzer, Teppichfliesen usw.), dann mit vorhandenen Großmaterialien (Matten, Bänke, Kästen, Lüneburger Stegel usw.).

— In einem zweiten Schritt innerhalb einer Kompaktveranstaltung mit Erzieherinnen und Studenten stand das Konstruieren von Bewegungsanlässen im Mittelpunkt. Das Konstruieren mit den in der Turnhalle vorhandenen Geräten und Materialien regte zu vielen Ideen an und bildete den Einstieg in die folgende ,,Werkstattarbeit''.

— Im nächsten Schritt ging es um das Entwerfen, Planen und Herstellen von Bauteilen und einfachen Geräten in Zusammenarbeit von Erzieherinnen und Studenten. Auf Elternabenden wurde anschließend darüber berichtet. Eltern begutachteten die Gerätschaften und machten erste eigene Bewegungserfahrungen mit ihnen. Eine Reihe von Eltern erklärte sich bereit, bei den angekündigten Bauaktionen mitzuarbeiten. In der Folge wurden in verschiedenen Kindergärten weitere Bauelemente und Geräte gemeinsam von Erzieherinnen, Eltern, Kindern und Studenten hergestellt und an Ort und Stelle ausprobiert.

— Abschließend wurde noch einmal eine große ,,Bewegungsbaustelle'' in der Halle des Sportinstituts eingerichtet. Bauelemente und Gerätschaften konnten von einer Vielzahl von Eltern und Kindern ausgiebig genutzt werden. Bei dieser Gelegenheit stellten Eltern und Kinder unter Anleitung weitere Gerätschaften selbst her, die sie anschließend mitnehmen konnten.

Inzwischen stehen in verschiedenen Braunschweiger Kindergärten kleine ,,Bewegungsbaustellen'' zur Verfügung, die von den Kindern intensiv benutzt werden. Es mehren sich die positiven Stimmen von Erzieherinnen und auch von Eltern: ungestörtes Zusammenspiel, zunehmende Sicherheit im Umgang mit den Bauelementen, größere Bewegungssicherheit und natürlich auch entsprechende Begeisterung der Kinder. Hierzu die Äußerung einer Erzieherin:

> „Interessant ist für mich die Feststellung, daß die Kinder ihren starken Bewegungsdrang sehr gut an und mit den Bauteilen abreagieren können. Sind die Kinder früher oft durch den ganzen Gruppenraum gerannt, so verlagern sich diese Bewegungsabläufe um und auf die Bewegungsbaustelle, wodurch das Gruppengeschehen an den Mal- und Basteltischen oder auch in Bau- und Puppenecke nicht mehr so gestört wird. Eine weitere Beobachtung machte ich bei neu in die Gruppe aufgenommenen Kindern und bei sogenannten Außenseitern. Beim Spielen und Turnen auf der Bewegungsbaustelle fanden diese Kinder leichter Anschluß. Die Kinder sind hier auf gegenseitige Hilfe angewiesen, um sich zu stützen und festzuhalten. Dadurch entstand ein Sozialverhalten, wie es z. B. durch gemeinsames Basteln, Singen oder Malen nicht erreicht wird."

5. Der Bau- und Spieltag — die Bewegungsbaustelle nimmt Gestalt an

Im Kindergarten sollte der Bau- und Spieltag als gemeinsames Fest unter Beteiligung von Eltern, Kindern und Erzieherinnen die Voraussetzungen für die Bewegungsbaustelle schaffen. Zur Vorbereitung dieses Tages findet ein Elternabend statt.

Musterbrief

Liebe Eltern!

Die Mitarbeiter des Kindergartens laden Sie herzlich ein zu einem Elternabend unter dem Thema:

"Die Spiel- und Bewegungsumwelt unserer Kinder"

- wir wollen dabei über die Bedeutung von Spiel und Bewegung für die Entwicklung Ihrer Kinder sprechen.
- gemeinsam spielen und Spielmaterial ausprobieren.
- Vorschläge unterbreiten, wie wir selbst Spiel- und Bewegungsgeräte in einer Bauaktion für unsere Kinder herstellen können. Hierzu ist besonders die Mithilfe der Väter nötig.

Mit freundlichem Gruß

Ihre Mitarbeiterinnen des Kindergartens

Auf den Elternabenden der beteiligten Kindergärten haben wir zunächst mit gemeinsamen Spielen begonnen, um die für das Thema geeignete Gelöstheit und auch Betroffenheit zu erreichen: Große Luftballons und Japanbälle sich zuspielen, in Kleingruppen die Ballons und Japanbälle auf Tüchern auf- und abbewegen. Daran schlossen sich Balanceversuche auf vorbereiteten Materialien an: Wippen, Rundbalken, Holzklötze, Bretter, Lkw-Schläuche etc. Weitere bereits fertiggestellte Gerätschaften konnten begutachtet und erprobt werden: Zauberkasten, Schlauchtramp und Stegel.

Nach dem Ausprobieren der Bewegungsanlässe kam es zum Gespräch über die Bedeutung vor allem großräumiger Bewegungen für die Kinder mit den Möglichkeiten einer selbsttätigen Eroberung von Bewegungsumwelt.

Folgende Aspekte wurden herausgestellt:

— Chancen für den Erwerb zunehmender Bewegungssicherheit,

— vielseitiges Bewegungsgeschick entwickeln,

— Risiken einschätzen können,

— Materialien in Verwendbarkeit und Eigenschaften kennenlernen und Bau- und Bewegungseinfälle bekommen.

— zusammen mit anderen Kindern bauen und bewegen.

Eigene Kindheitserlebnisse der Erwachsenen brachten in Erinnerung, daß früher anscheinend eine interessantere Spielwelt zur Verfügung stand. Der Rückblick ließ die heutige Bewegungsumwelt der Kinder in ihrer Sterilität zunehmend problematisch werden.

Zur Frage, was wir selbst für die Bewegungsumwelt unserer Kinder tun können, wurde ein ,,Bau- und Spieltag'' vorgeschlagen, bei dem wir Materialien gemeinsam bearbeiten und sie in ,,Bewegungsbaustellen'' ausprobieren wollten.

Musterbrief

Liebe Eltern, liebe Kindergartenkinder!

Wir laden recht herzlich ein zu einem

Bau- und Spieltag

am Sonnabend, dem 15.Mai, in der Zeit von 11 Uhr bis ca. 16 Uhr.

Wer an diesem Tag fleißig sein will, der kann bei der Fertigstellung unseres angefangenen Zauberkastens helfen, ein Schlauchtramp bauen, Bretter und Hölzer schmirgeln und lackieren, LKW - Schläuche bemalen, Masken und Trommeln basteln und noch vieles mehr.

Wer nicht fleißig sein will, der kann mit seinen Kindern spielen, turnen, basteln oder nur zuschauen.

Zur allgemeinen Stärkung gibt es Erbseneintopf.

Wir wünschen uns eine große Beteiligung bei schönem Wetter.
Bei Regenwetter bauen wir im Kindergarten oder verschieben alles auf einen anderen Tag.

Bringen Sie bitte Werkzeug, wie Hammer, Zange, Nägel, Schrauben, Schmirgelpapier, Hobel, Schleifmaschine, Bohrer mit.
Am grünen Brett im Kindergarten hängt eine Teilnehmerliste, sowie eine Werkzeugliste, und wir bitten alle, die mitmachen wollen, sich darauf einzutragen.

Mit freundlichem Gruß

Ihre Mitarbeiterinnen des Kindergartens

Der erste Bautag fand bei gutem Wetter auf dem Freigelände des Kindergartens unter großer Beteiligung statt. Verschiedene Kleingruppen teilten sich die Arbeiten auf: Lkw-Schläuche abwaschen und bemalen, Holzklötze, Balken, Bretter schmirgeln, abrunden und mit Klarlack bestreichen, PVC-Rollen mit Teppichboden bekleben, Feinarbeiten am im Rohbau fertigen Stegeln, den „Zauberkasten" fertigstellen, eine „Eimerschlange" zusammenbauen, das „Schlauchtramp" bespannen. Die Kinder waren eifrige Helfer, vor allem bei Schmirgel- und Malarbeiten. Bei komplizierteren Arbeitsvorgängen leisteten sie Handreichungen und warteten geduldig und mit mancherlei Fragen auf die Fertigstellung. Nach und nach konnten die ersten Gerätschaften ausprobiert werden. Dabei erprobten auch manche Mutter und mancher Vater längst vergessene Bewegungskünste.

6. Was bei der Errichtung einer Bewegungsbaustelle zu beachten ist

Die folgenden Hinweise, wie man Bewegungsbaustellen einrichten kann, gründen sich auf die gemachten Erfahrungen. Drei grundsätzliche Fragen haben uns immer beschäftigt:

1. Wieviel und welches Material kann in welcher Gruppierung den Kindern an die Hand gegeben werden? Wie lange sollten die gleichen Materialien zur Verfügung stehen?

2. Wie muß das Material gelagert werden, um für die Kinder ständig verfügbar zu sein, und unter welchen räumlichen Bedingungen kann es von ihnen am besten genutzt werden?

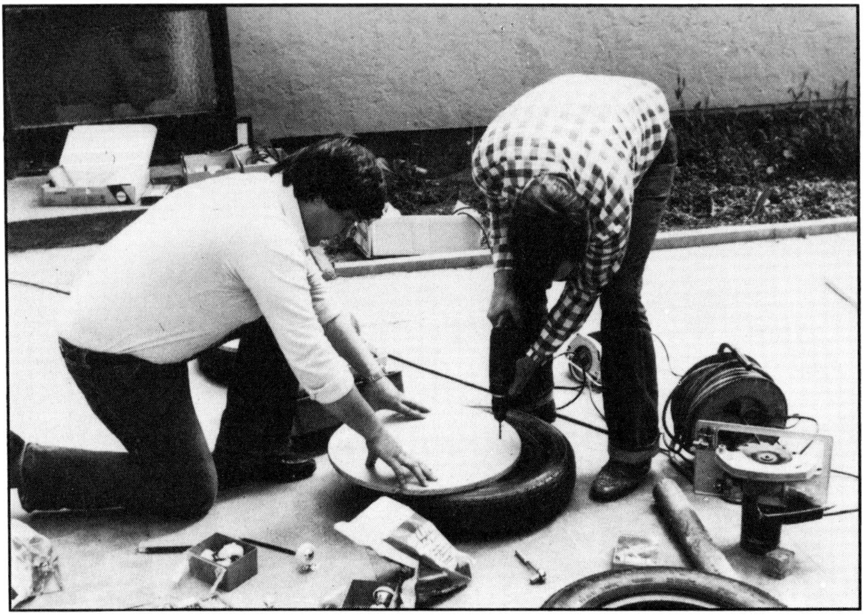

3. In welcher Weise sollte sich der Erwachsene an den Aktivitäten der Kinder beteiligen?

Für die genannten Fragen und Probleme gibt es sicher keine Patentlösung. Eigene bisherige Erfahrungen im Umgang mit Kindern und das aufmerksame Beobachten ihrer Aktivitäten helfen weiter.

Zu 1.

Ein anfänglich sparsamer Einsatz von Baumaterial lenkt die Aufmerksamkeit auf einfache Konstruktionen. Welches Material angeboten wird, hängt vor allem davon ab, welche Konstruktionen und Bewegungsanlässe angeregt werden sollen. Um eine möglichst konstruktive Zusammenarbeit der Kinder zu erreichen, sollten nicht mehr als 6—8 Kinder gleichzeitig die Baustelle nutzen. Ein Wechsel von drei bis vier Gruppen am Vormittag oder auch das Einwechseln einzelner Kinder ist möglich. Weiterhin wäre es sinnvoll, wenn sich jedes Kind zumindest 3—4mal die Woche auf der Bewegungsbaustelle betätigen kann. Bei intensiver Beschäftigung kann die Vertrautheit mit den Dingen ständig zunehmen, wodurch sich Bau- und Bewegungsvielfalt vergrößern. Ein erstes Auswechseln der Materialien kann erfolgen, wenn sich nachlassendes Interesse einstellt (u. U. erst nach 2 Wochen).

Zu 2.

In räumlicher Hinsicht hat sich im Kindergarten eine ständig verfügbare „Nische" bewährt, in der die Materialien im Sinne einer Bewegungsbaustelle in entsprechender räumlicher Ausdehnung für das Bauen und Bewegen genutzt werden können. Dazu müssen die Materialien schnell zur Hand sein und sich von den Kindern möglichst selbsttätig herbeischaffen lassen. Desgleichen sollten sie von den Kindern mittels entsprechender Vorrichtungen leicht wieder verstaut werden können. Stell- und Hängevorrichtungen erweisen sich als sehr nützlich. In der Frage der räumlichen Bedingungen sind langfristig solche baulichen Maßnahmen zu treffen, die eine variablere Nutzung der Materialien ermöglichen (z. B. Auf- und Einhängevorrichtungen an Wänden und Decken).

Zu 3.

Zur Betreuung der Bewegungsbaustelle ist grundsätzlich zu sagen, daß der Erwachsene Vertrauen in die Phantasie der Kinder setzt, geduldig abwarten kann, abwägbare Risiken zuläßt, gegebenenfalls in Gefahrensituationen helfend und erklärend eingreift. Er soll sich als Helfer, Partner und Anreger verstehen. Anfängliches Vorgeben von einfachen Konstruktionen (s. Beispiele) kann eine willkommene Hilfe sein. Erste Vorschläge und gemeinsames Aufbauen schaffen Vertrauen, geben Sicherheit und helfen den Kindern, die Situationen selbsttätig weiterzuentwickeln, bzw. umzubauen. Gezielte Hinweise auf Gefahrenmomente (z. B. kippliges Brett) vertiefen die Überlegungen für die Baukonstrukte, sollten aber nicht Angst machen.

Ein weiteres Mittel um Gefahrenmomente zu verdeutlichen, bietet der „ungeschickte" Clown:

Bei größeren Bau- und Spielaktionen, wie wir sie beispielsweise auf dem Bautag im Kindergarten oder auf der großen Bewegungsbaustelle in der Sporthalle durchgeführt haben, trat der „Clown" als Bau- und Bewegungskünstler in Erscheinung. Seine ungeschickten Bewegungen bei den Bauversuchen, oder sein Balancieren auf schmalen Balken und Lkw-Schlauch wurde ständig durch gutgemeinte Ratschläge der Kinder unterbrochen, bzw. sie wollten gleich helfend eingreifen.

7. „Bewegungsbaustellen"

Mit den folgenden Beispielen geben wir die von den Kindern entwickelten und erprobten Baukonstruktionen und Bewegungsanlässe weiter.

Die ersten Beispiele zeigen u. a. das „Bauen und Bewegen" mit einfachen Konstruktionselementen, die in Hinblick auf Sicherheit und Handhabung entweder nur kurz oder gar nicht bearbeitet werden mußten. Weiterhin kommen vorgefertigte Gerätschaften zum Einsatz, die Turngeräten ähneln und in anderer Form schon vorhanden sind. Diese Gerätschaften entstanden während der „Bautage" im Kindergarten. Kinder und Eltern waren bei der Herstellung beteiligt. Sie sind in Größe und Form den Erfordernissen im Kindergarten angepaßt und lassen sich im Rahmen einer Bewegungsbaustelle gut mit einfachen Bauelementen kombinieren. Sie verhelfen zu einer Erweiterung von Bewegungsmöglichkeiten, sind leicht zu transportieren und haben für die Kinder durch den Herstellungsprozeß, den sie selbst durch Bemalen, Schmirgeln usw. intensiv verfolgt haben, ihren besonderen Reiz.

Im Hinblick auf die Realisierbarkeit (Materialbeschaffung, Bearbeitung, Kosten usw.) sowie auch auf das Einführen der Kinder in „Bauen und Bewegen" ist es ratsam, zunächst einfache Bauelemente anzugehen. Die Gestaltungs- und Baumöglichkeiten gerade mit einfachsten Elementen erleichtern besonders ängstlichen, zurückhaltenden Kindern den Einstieg in das Bewegungsexperiment.

„Wie es wackelt und kippelt"

Materialien für Wackelbauten:
Lkw-Schläuche / Bretter / Autoreifen

Der Reiz dieser Materialien liegt u. a. in der Kombination von starrem (Bretter) und elastischem (Schläuche) Material. Durch wechselnden Zusammenbau entstehen stets neue Situationen, die Bewegungsanpassung verlangen. Es entwickeln sich als großräumige Bewegungen: Hüpfen, Wippen, Rutschen, Balancieren, Klettern, Wälzen. Für kleinere Kinder (2—4 Jahre) übt das Wälzen in unterschiedlichsten Körperlagen über den dicken Schlauchwulst einen starken Bewegungsanreiz aus. Die größeren Kinder erproben ihr Geschick in Balancier- und Kletterkünsten. Dabei erfordern die Aufbauten Absprachen, gegenseitige Hilfe beim Tragen und in die Höhe bauen. Die zunehmende Bewegungssicherheit verleitet zu immer mutigeren Bewegungskünsten.

Wackelstege

Die Kinder bauen unterschiedliche Wackelstege (lose Verbindungen von Reifen, Schläuchen und Brettern). Dabei wird jede Hand zum Tragen, Heben, Festhalten und Absichern für Bau und Umbau gebraucht. Die „Brücken" und „Stege" entstehen in immer neuen Raumvarianten mit unterschiedlichen Aufgabenstellungen: Vor- und Rückwärtsgehen, aneinandervorbei-gehen, sich laufend oder hüpfend fortbewegen, wippen auf den Brettern . . .

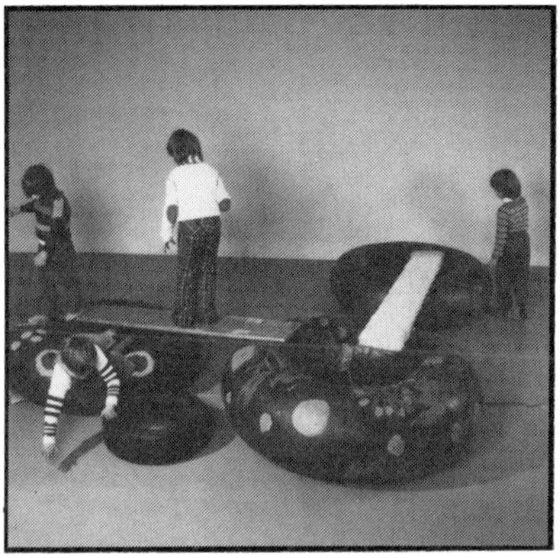

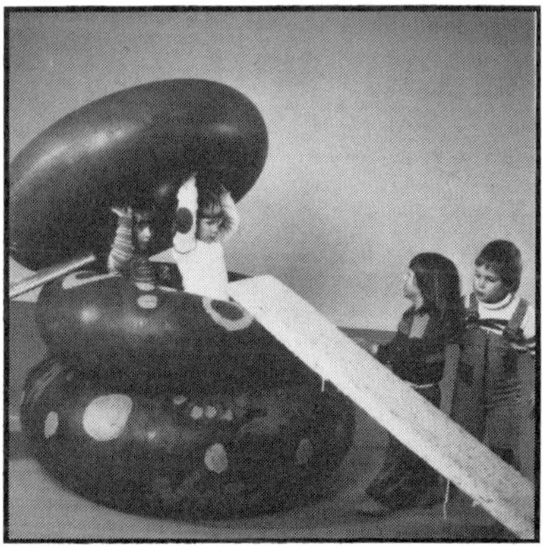

Reifentürme

Mit mehreren Lkw-Schläuchen unterschiedlicher Größe wird ein Turm gestapelt. Der obere Schlauch kann erst nach mehreren Versuchen mit einiger Anstrengung nach oben gebracht werden. Die Kinder versuchen von außen in den Turm zu klettern, dabei müssen sie sich teilweise helfen. Angelegte Bretter erleichtern den Aufstieg und können zugleich als Rutsche genutzt werden. Während zwei Kinder oben auf dem Turm im Sitzen wippen, haben es sich andere im Innern gemütlich gemacht. Es kommt der Vorschlag, den Turm durch Einlegen passender Autoreifen zu stabilisieren.

Höhlen und Hütten

Mehrere aneinander angelehnte Schläuche dienen als Hütte oder Höhle. Die Kinder probieren ständig das Hinein- und Hinauskriechen. Der Einsturz wird provoziert, die Höhle muß erneut aufgebaut werden. Einige Kinder bleiben als ,,Höhlenbewohner'' im Innern, andere halten draußen Wache.

„wie es wippt und federt"

Materialien:
Lkw-Schläuche / Schlauchtramps

Neben dem wagemutigen Balancieren auf wackligem Grund nutzen die Kinder auch die Federkraft der Schläuche. Mehrere Schläuche und auch Autoreifen sind in mehr oder weniger engen Abständen im Raum verteilt. Es gilt, die Entfernungen mit langen Schritten oder im Sprung zu überbrücken. Einige Kinder versuchen in Handfassung auf einem Schlauch im Kreis zu hüpfen. Nach wenigen Versuchen gelingt es ihnen, in rhythmisch abgestimmten Hüpfern sich mehrfach im Kreis zu bewegen.

Schlauchtramps

Das Trampolin übt auf Kinder eine fast magische Anziehungskraft aus. Die momentane Schwerelosigkeit mit dem erhebenden Gefühl des Fliegens wird von ihnen immer wieder aufs neue ausgekostet.

Zu diesem Zweck sind zahlreiche Geräte entwickelt worden, um unterschiedliche Sprungerlebnisse und Sprungintensität zu vermitteln: Trampoline — Trimmpoline — Luftkissen.

Für die jüngeren Kinder genügt schon eine alte Federkernmatratze, um sie zu wiederholten rhythmischen Sprüngen zu verleiten, die sie durch ständiges Üben und Variieren bald zur Meisterschaft vervollkommnen.

Aus einem großen Lkw-Schlauch haben Eltern ein wirkungsvolles Schlauchtramp gebaut (s. Bauidee).

Die Kinder entdecken bald, daß der Einsprung aus größerer Höhe (Stuhl, Trittleiter) einen stärkeren Impuls vermittelt.

„nur nicht runterfallen"

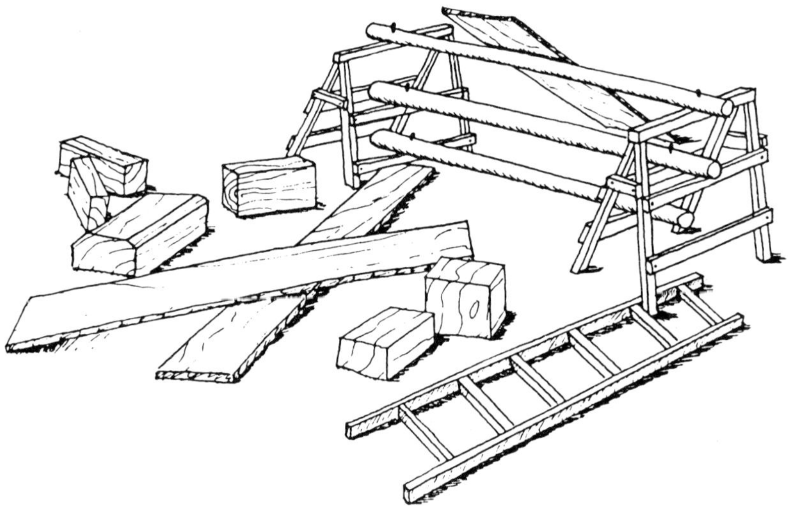

Materialien für Gerüstbauten:
Große Holzklötze — Kanthölzer — Balken — Bretter
Stegel: 2 Holzblöcke — 3 Balken — Zusatzmaterial

Diese einfachen Holzmaterialien werden von den Kindern zur Gestaltung unzähliger Bauwerke genutzt. Es entstehen Leitern, Gerüste, Türme, indem die Hölzer in verschiedenen Kombinationen gelegt, gesteckt oder gestapelt werden. In unterschiedlichen Raumfiguren legen die Kinder Balancierparcours an. Der Umgang mit diesen Materialien verlangt Behutsamkeit und überlegte Handhabung, damit die Bauwerke tragfähig werden und nicht gleich einstürzen. Beim Balancieren oder Besteigen muß jeder Fuß kontrolliert aufgesetzt werden. Gefahrenmomente (Kippligkeit) sind jedoch schnell erkannt und die Kinder bauen entsprechend um. Beim Bauen kommt es wesentlich auf abgestimmte, gemeinsame Handhabung der Materialien an, um größtmögliche Tragfähigkeit der Konstruktionen zu erreichen.

Das „A"

Aus Klötzen, Balken und Brettern wird ein großes „A" gelegt — nach ersten Balancierversuchen müssen kleinere Veränderungen vorgenommen werden, um Wackligkeiten zu beheben. Es kommt eine Leiter hinzu. Das bringt die Kinder auf die Idee, mit Balken und Latten eine Leiter zu legen. Die losen Holzverbindungen können nur mit größter Behutsamkeit betreten werden. Die Kinder legen unterschiedliche Sprossenabstände und versuchen auch rückwärts zu gehen, oder sie hüpfen in die Sprossenabstände hinein.

Der Klotzturm

Aus zahlreichen großen und kleinen Holzklötzen entsteht ein Turm. Bei der Turmbesteigung muß der Aufstieg langsam, Schritt für Schritt vollzogen werden, sonst stürzt er schnell zusammen. Angelegte Balken und Bretter führen nach oben.

Stöpseln

Wenn die Balken mit großen Schrauben auf die Holzklötze festgesteckt werden, entstehen neue stabilere Balancierwege.

Der Inselweg

Aus vielen Materialien legen die Kinder einen langen „Inselweg". Die hintereinandergelegten Klötze, Balken, Bretter müssen betreten werden, ohne daß ein Fuß auf den Boden kommt. Die Wege werden mehrfach umgelegt und abschließend zu einem Kreis verbunden.

Der Stegel

Die Idee des Stegels als variables Turngerät ist schon lange verwirklicht (vgl. u. a. Lüneburger Stegel). Es wird in mehreren Variationen als Mehrzweckgerät eingesetzt. Abgesehen von einigen Sonderanfertigungen für das Vorschulalter, sind die Stegel in der Regel durch Größe und Schwere kaum von Vorschulkindern zu handhaben. Das hier gezeigte Gerät wurde von Eltern und Erzieherinnen im Kindergarten gebaut und hat sich in intensiver Erprobung durch die Kinder bewährt. Die zwei Böcke und Rundbalken lassen sich beliebig durch Zusatzmaterialien wie Bretter, Leitern, Schläuche etc. ergänzen.

Da für die Kinder der Auf- und Umbau leicht möglich ist, haben sie im bisherigen Gebrauch vielfältige Verwendungsmöglichkeiten entdeckt.

Der Schornstein — die Luke

Mit Hilfe zweier aufgesteckter Bretter bauen sich die Kinder eine Plattform und schaffen mit letzter Kraft einen Lkw-Schlauch nach oben. Wie durch einen Schornstein (durch eine Luke) können sie jetzt nach oben steigen, bzw. sich hinunterlassen.

Hier können Sie Ihre Ergänzungen aufschreiben:

"wir klettern und schaukeln"

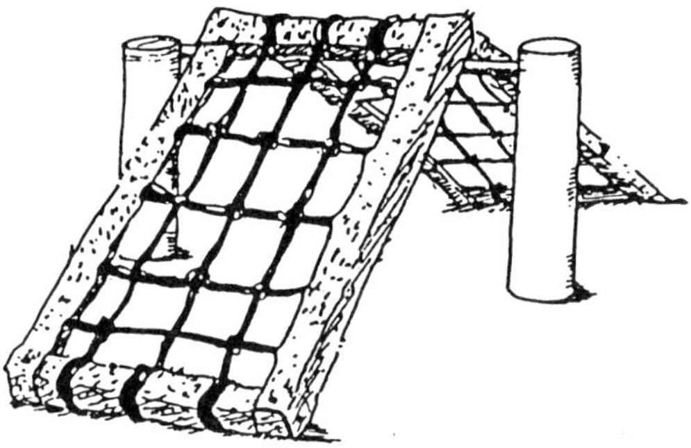

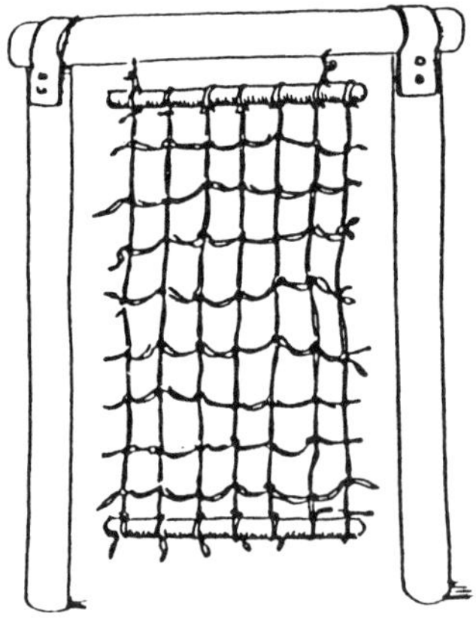

Materialien:
Kletternetze aus Seilen, Stricken und Gummizügen
Strickleitern, Taue

Im Umgang mit den von Eltern hergestellten Kletterleitern und Netzen können die Kinder ihre Bewegungserfahrungen in Weite und Höhe ausdehnen. Unterschiedliche Aufhängungsvorrichtungen sollten an Wänden und Decken vorhanden sein, um Variationen in der Aufhängung zu ermöglichen.

Die hier etwas eingeschränkten Konstruktionsmöglichkeiten bringen dennoch interessante Bewegungsideen hervor. Einmal möchten die Kinder das Netz horizontal aufgehängt haben, ein anderes mal vertikal. Nach anfänglichem Klettern wird geschaukelt und dann versucht, sich ins schwingende Netz einzuhängen. Mit Hilfe angebundener Seile kann zudem das Netz zum Schwingen gebracht werden.

Das Kletternetz aus Gummizügen wird zunächst als Federtuch in verschiedenen Körperpositionen versucht — auf allen vieren, im Liegen, Sitzen, zu mehreren. An dem Klettergerüst läßt es sich variabel in unterschiedlichen Schräglagen einhängen, wobei die Kinder das Hochlaufen probieren.

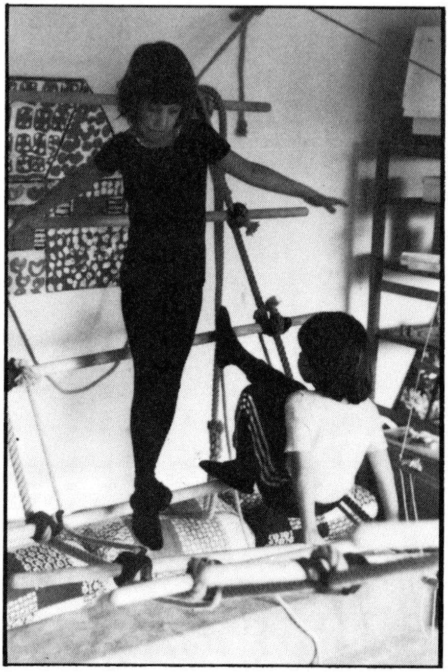

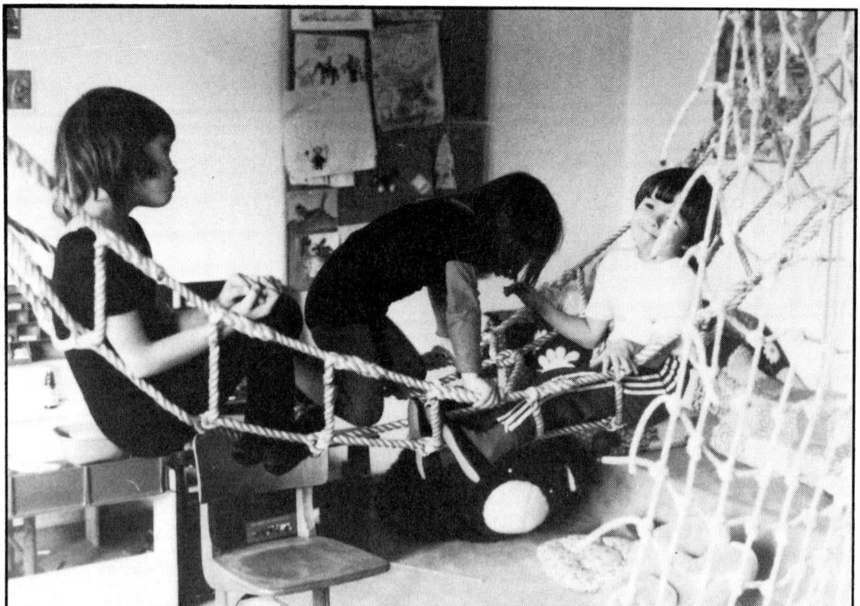

"unser Zauberkasten"

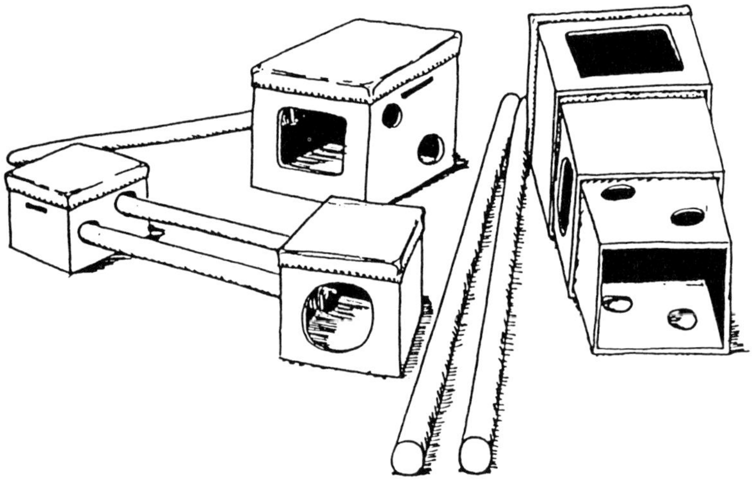

Materialien:
3 Turn- und Spielkästen als stapelbare Kombinationselemente — Bretter, Balken, Drainageschläuche zur Ergänzung

Der im Eigenbau entstandene „Zauberkasten" mit den Schlupf- und Wurflöchern läßt sich leicht mit weiteren Materialien kombinieren. Die schaumstoffgepolsterten Oberflächen eignen sich zum Rollen, Wälzen, Kriechen und Hüpfen. Die Kästen können wegen ihres geringen Gewichts leicht von den Kindern getragen, bzw. umgesetzt werden.

Mit Brettern und Balken verbunden ergeben die Kästen Balanciergelegenheiten oder bilden so eine Sitzecke.

Treppen

Die Kästen, in verschiedenen Entfernungen zueinander aufgestellt, werden mit langen Schritten oder mutigen Sprüngen überquert. In Stufen hintereinandergestellt ermöglichen sie Treppenschritte mit anschließendem Sprung in die Tiefe.

"unsere Kullerbahnen"

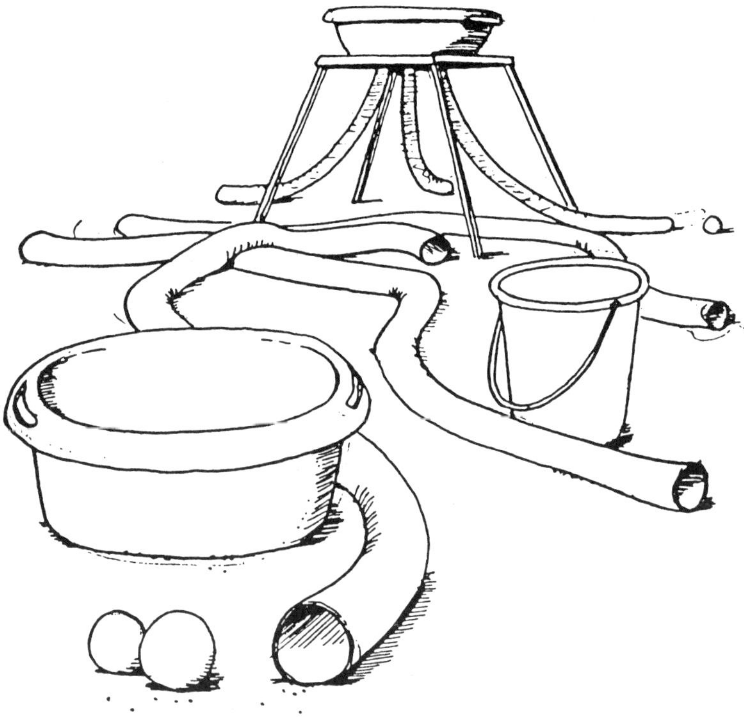

Materialien:
Drainageschläuche / kleinere PVC-Rohre / Eimer / Plastikwannen / Mülltüten / Tennisbälle / Bocciakugeln

Mit Drainageschläuchen bauen sich die Kinder verschiedene Kullerbahnen. Zusätzliche PVC-Rohre ermöglichen weitere Kombinationen, bzw. den Bau von Umleitungen oder Verlängerungen der Bahnen. Die Kugeln lassen sich in Eimern, Plastikwannen, Mülltüten auffangen. Nach ersten Experimenten versuchen die Kinder bald, die Roll- und Fallgeschwindigkeit der Kugeln zu erhöhen, indem sie auf Tische, Stühle oder Trittleitern steigen.

Die Eimerschlange

An einen großen Farbeimer, oder besser in eine Plastikwanne werden Drainageschläuche in vorgebohrte Löcher eingeschraubt und das ganze in ein Gestell, an die Wand, oder an ein Klettergerüst gehängt. Kinder und auch Erwachsene versuchen mit Ausdauer die Bälle (Kugeln) in die Wanne zu treffen und beobachten aus welchem Schlauch sie zum Vorschein kommen.

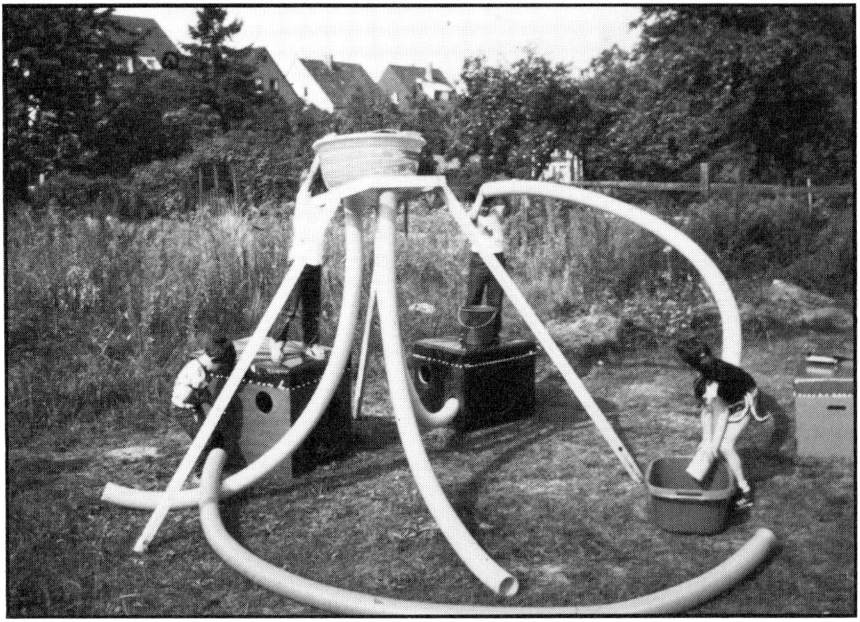

Hier können Sie Ihre Ergänzungen aufschreiben:

"wir rollen fort"

Materialien:
Kleine und große PVC-Rohre / Holzklötze / Balken / Brettern

Die PVC-Rohre allein fordern zunächst zu zahlreichen Bewegungsexperimenten heraus. Dabei gehen die Kinder in der Regel vorsichtig und immer erst nach mehreren Versuchen zur nächsten Schwierigkeit weiter. Danach entwickeln sie durch Hinzunahme von Brettern und Holzklötzen unterschiedliche Gleichgewichtssituationen.

Zunächst beginnen die Kinder, in der Bauchlage auf der Walze zu rollen. Sie lassen sich teils an Händen und Füßen von anderen Kindern ziehen. Bald wagen es einige wenige, im Stehen auf der Walze zu rollen.

Oft bekommen sie dabei gleich Hilfe.

Schnell kommen die Kinder auf die Idee der Wippe. Zwei Kinder probieren zunächst die Wippe im Sitzen. Bald folgen erste Versuche im Stehen. Leichter ist zunächst das Hinauf- und Hinunterlaufen auf dem schrägen Brett.

Interessante Baumaterialien für Bewegungsbaustellen auch in der Wohnung

Noch vor dem Kindergarten kommt der Wohnung und dem Wohnumfeld entscheidende Bedeutung für die Bewegungsentwicklung der Kinder zu, verbringen sie doch hier bis zum 3. und 4. Lebensjahr in der Regel fast ausschließlich ihre Zeit (Bewegungszeit).

Die Bewegungsumwelt von Stadtkindern ist längst keine natürliche Umwelt mehr und schon gar nicht nach ihren Bewegungsbedürfnissen geplant und eingerichtet. Über die kinderfeindliche Planung und Einrichtung von Wohnungen ist bereits häufig geschrieben worden (s. ERKE u. a. 1980). Um die Bewegungsentwicklung der Kleinkinder möglichst reizvoll zu unterstützen, gilt dem Wohnbereich als Bewegungsumwelt unsere Aufmerksamkeit.

Innerhalb der Wohnung gibt es viele Faktoren, die die Bewegungsentwicklung positiv oder negativ beeinflussen können. Es beginnt schon mit der Beschaffenheit von Fußbodenbelägen: ein durchgehend mit PVC belegter Boden bietet keinerlei Bewegungsaufforderung außer Rutschen. Bei ersten Gehversuchen kann er äußerst unangenehm erlebt werden, wenn das Aufrichten immer wieder scheitert. Dagegen vermittelt ein in seiner Struktur wechselnder Untergrund (Teppichboden — Parkett — Teppich — Schaumstoffauflage . . .) vielseitige Erfahrungen, läßt taktile Unterschiede spüren, verführt zum Krabbeln und Wälzen und gibt den Füßen Halt. Von ähnlicher Bedeutung sind Anordnung und Beschaffenheit des Mobiliars. Unterschiedliche Kleinmöbel (Couchtisch, Hocker, Sitzkissen, Stühle, Sessel) bieten sich als Stütz- und Abstützhilfen beim Aufrichten an, unterstützen damit erste Gehversuche und verlocken zum Schieben und Stoßen. Wenn unten beschriebene Alltagsmaterialien hinzukommen, bieten sich hiermit vielfältige Bewegungsanreize auch für kleinere Kinder.

Eine Reihe von Materialien haben inzwischen auch in Wohnungen Eingang gefunden. Bevorzugt werden dabei die unkomplizierten, attraktiven Alltagsmaterialien, wie der Lkw-Schlauch und der Drainageschlauch mit verschiedenen Kugeln, das Schlauchtramp.

Eine besondere Attraktion für die Kinder ist die ,,Schaukel- und Kletterlandschaft'' (mitten durchs Kinderzimmer gespannt). Dazu wurde ein ausgedientes Kletternetz wieder aufgearbeitet. Hinzu kamen Sprossenleiter, Taue und ein Klettergitter (mit Holzstäben).

Nicht vergessen werden sollen die bekannten alten Federkernmatratzen, die seit Jahren in vielen Kinderzimmern zum Hopsen, Springen, Wälzen und zu Purzelbäumen herausfordern. In Verbindung mit einem Lkw-Schlauch bauen sich damit die Kinder wahre ,,Turnlandschaften'', die sie in immer neuen Kombinationen zusammenlegen.

Von einigen Eltern wurden aus Autoreifen (auf eine runde Holzplatte geschraubt, darunter 4 kugelgelagerte bewegliche Rollen) Rollbretter hergestellt. Die Kinder setzten sie auf unterschiedlichste Weise für ihre Spiele ein: als Transportmittel, als Karussell, in Verbindung zweier Rollbretter mit einem Brett als fahrende Brücke . . .

Schaumstoffquader unterschiedlicher Größe eignen sich besonders für Bauaktivitäten kleinerer Kinder. Zum einen werden sie zu einer Tobefläche gelegt oder dienen als Aufsprungfläche, weiter bauen sich die Kinder damit Sprunghindernisse oder türmen sie zu Mauern, um hinein-, hindurchzuspringen. Natürlich geben sie auch ideale Wurfgeschosse ab.

Gute Balanciergeräte oder auch Bauelemente ergeben halbierte, glatt gehobelte Baumabschnitte. Weiterhin hat sich zum Balancieren das selbst gefertigte ,,Schaukelbrett'' bewährt (60x100 cm Spanplatte mit Teppichboden beklebt, darunter zwei Kufen).

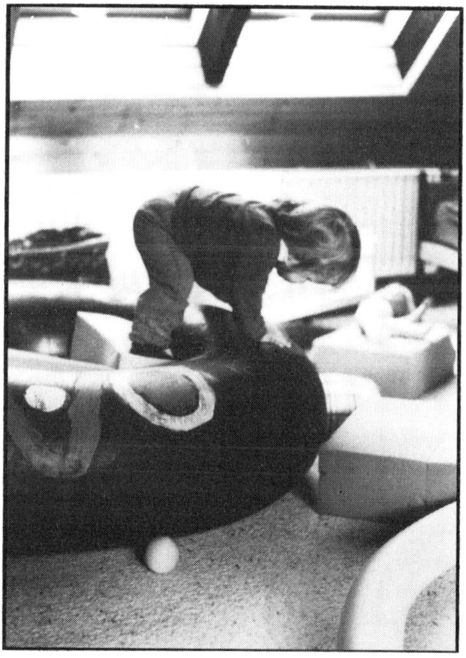

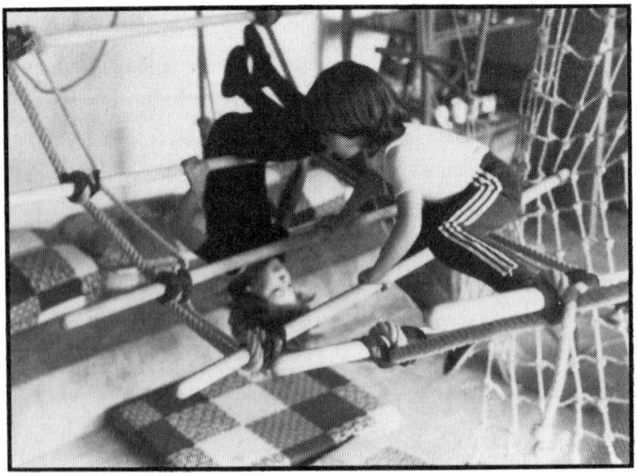

8. Wie Bau- und Bewegungsideen entstehen können — Materialquellen

Die beschriebenen Bau- und Spielsituationen zeigen deutlich, wie die Kinder sich aus den unterschiedlichsten Materialien ihre Bewegungsanlässe konstruieren. Ein Großteil dieser Materialien fordert schon allein durch Größe, Form, Eigenschaften und Kombinationsmöglichkeiten mit anderen Objekten zum ständigen, variationsreichen Probieren grundlegender Bewegungstätigkeiten heraus: wälzen, rollen, balancieren, wippen, schaukeln, schwingen, klettern . . .

Auf der Suche nach immer neuen Anreizen zum Erproben dieser Grundtätigkeiten entwickeln Kinder ständig weitere Ideen. Somit gilt es zunächst, im geduldigen Beobachten ihrer Bau- und Bewegungstätigkeiten Hinweise zu bekommen, wie sie ihre Aktivitäten durch Hinzuziehen anderer Materialien verändern, erweitern und zu weiteren Bau- und Bewegungsideen kommen.

Besonderer Anreiz liegt für die Kinder

— im einfachen Zusammenbau bzw. Kombinieren von Materialien, die sogleich ein neues Spielgerät ergeben:

Walze	+	Brett	=	Wippe
Lkw-Schlauch	+	Brett	=	Wippe
Holzklotz	+	Brett	=	Wippe

— in der Beweglichkeit und Unberechenbarkeit der Materialien: das schwingende Netz, nachgebende Gummizüge, wackelnder Untergrund.

Diese Beweglichkeit läßt sich in verschiedener Ausprägung herstellen durch unterschiedliche Verbindungen und Befestigungen:

— starres mit starrem Material — starr befestigt
Beispiele: Stegel, Holzverbindungen durch Metallstifte, Klammern, Stecksystem . . . ,

— flexibles Material — starr befestigt
Beispiele: aufgehängte Kletternetze, Taue, Gummizüge

— starres Material — flexibel befestigt
Beispiele: In Seilen aufgehängte Bänke, Bretter, in Gummizüge eingehängte Bretter, Balken . . .

Für solcherlei Konstruktionen/Befestigungen gilt es, geeignetes Material zu finden:

— elastische Materialien wie Zauberschnüre, Gummizüge jeglicher Art (z. B. zerschnittene Lkw-Schläuche, Fahrradschläuche), Stoffe zum Bespannen wie Segeltuch, Lkw-Plane, Teppichreste . . .

Ein anderer Weg, neuartige Geräte zu entwickeln, liegt in der Orientierung an vorhandenen Turn- und Spielgeräten. In der Regel sind diese Geräte für bestimmte Handlungen und Handhabungen konstruiert. Wird der gedachte Zweck erweitert, bzw. die Handhabung ganz umfunktioniert, dann entstehen völlig neue Bewegungsmöglichkeiten.

Zum Beispiel ist der Turnkasten eigentlich als Sprung- und Steigegerät gedacht, leicht läßt er sich als Versteck, als Kletterberg, als Wurfbude etc. umfunktionieren, wenn er nur noch kombiniert wird mit Bänken, Brettern, Leitern. So vergrößert sich die Bewegungsvielfalt in schnellen Auf- und

Umbauten und es entsteht plötzlich eine Rutschbahn, Kugelbahn etc. — Aus dieser Entwicklung erwuchs die Idee des schon beschriebenen „Zauberkastens".

Wie sich leicht aus unterschiedlichen Materialien ein einfaches Trampolin herstellen läßt, zeigt die folgende Bauidee (entnommen aus der Zeitschrift „sportpädagogik" Heft 3/1982).

Materialquellen

Für die Materialbeschaffung lassen sich unterschiedliche Bezugsquellen nennen, wo u. U. kostenlos oder gegen geringes Entgelt Materialien zu bekommen sind:

Reifenhandel	— ausgediente Lkw- und Traktorenschläuche, Autoreifen (kostenlos)
Zimmereibetriebe	— Holzreste, z. B. Balkenabschnitte (teils kostenlos)
Holzhandel, Baumärkte	— Mehrfach verleimte Balken (6x6, 6x8 cm, versch. Längen, bei 2,10 m 22,00 DM unv. Preis), Abachi-Bretter — besonders leicht und stabil (3,5x28 cm, 2 m, 22,00 DM unv. Preis)
Spez. Röhrenhandel, bzw. Stadtwerkebetriebe	— PVC-Röhrenabschnitte unterschiedlicher Stärke
Baumärkte, u. U. größere Baustellen	— Drainageschläuche (2,50 — 3,00 DM je Meter, auf Baustellen evtl. als Reststücke kostenlos)
Kaufhäuser, Teppichgeschäfte	— Teppichbodenreste, Musterabschnitte.

Bei Nachfragen auf Elternabenden im Kindergarten finden sich mitunter Eltern, die günstige Bezugsquellen nennen können, bzw. auch kostenlose Materialien besorgen.

Bauidee: „Schlauchtramp"

Schlauchtramps lassen sich leicht und billig herstellen. Benötigtes Baumaterial:

Lkw- oder Traktorenschläuche (können als ausgemusterte Schläuche kostenlos bei Reifenbetrieben besorgt werden);

Bespannungsmaterial: Tragegurte, Rolladengurte (Baumarkt), Netze, auch alte Trampolinbespannung;

Fahrraddeckmantel oder Felge als Widerlager.

Ihre erste Bewährung haben die beiden hier gezeigten Prototypen in Kindergärten und Grundschule bereits bestanden.

Schlauchtramp, mit Tragegurten hergestell:

Den Schlauch prall, aber nicht zu fest aufpumpen. Ein Fahrraddeckmantel mit einem etwas größerem Durchmesser als der Innendurchmesser des Schlauches dient als Widerlager für die Gurte. Dann mit dem Tragegurtband auf der Oberseite eine parallele Gurtlage erzeugen, Band dabei gut gespannt halten, zum Schluß vernähen. Danach im ,,Webvorgang'' senkrecht dazu die andere Gurtlage verspannen. Schließlich noch etwas den Reifendruck erhöhen.
(Bautechnik: Joe Loibl, Braunschweig)

Schlauchtramp mit Netz und Rolladengurtverspannung hergestellt:

Im Unterschied zur obigen Bauweise wird hier ein Absprungtrampolinnetz mit Rolladengurt auf dem Schlauch befestigt. Als Widerlager dient eine Fahrradfelge. Bauvorgang ähnlich wie oben. Dieses Tramp kann stärker mittels Reifendruck gespannt werden und ist deshalb stärker in der Federwirkung.
(Bautechnik: Klaus Miedzinski, Braunschweig)

Schlauchtramp, mit Gummizügen und einem Holzrahmen hergestellt:

Ein Schlauchtrampmodell läßt sich auch nur aus Abfallmaterial herstellen. Auf ein Holzquadrat (4 etwa 8 cm breite Bretter) wird ein Lkw-Schlauch mit geschnittenen Schlauchstreifen an den vier Ecken festgebunden. Weitere möglichst lang geschnittene (5 cm Breite) Schlauchstreifen werden abwechselnd quer und längst über den Schlauch gespannt, die Sprungfläche dabei geflochten. Zu beachten ist, daß die Streifen annähernd gleiche Spannung bekommen. Damit sich die Streifen nicht verziehen, empfiehlt sich das Unterlegen einer Leiste je Schlauchseite. Der schon aufgeblasene Reifen sollte anschließend einen höheren Reifendruck bekommen. Das fertige Schlauchtramp erhält aufgepumpt eine quadratische Form. Aufgrund seiner größeren Spannung vermittelt es einen stärkeren Impuls und eignet sich deshalb für ältere Kinder und Erwachsene.
(Bauidee Werner Riedel)

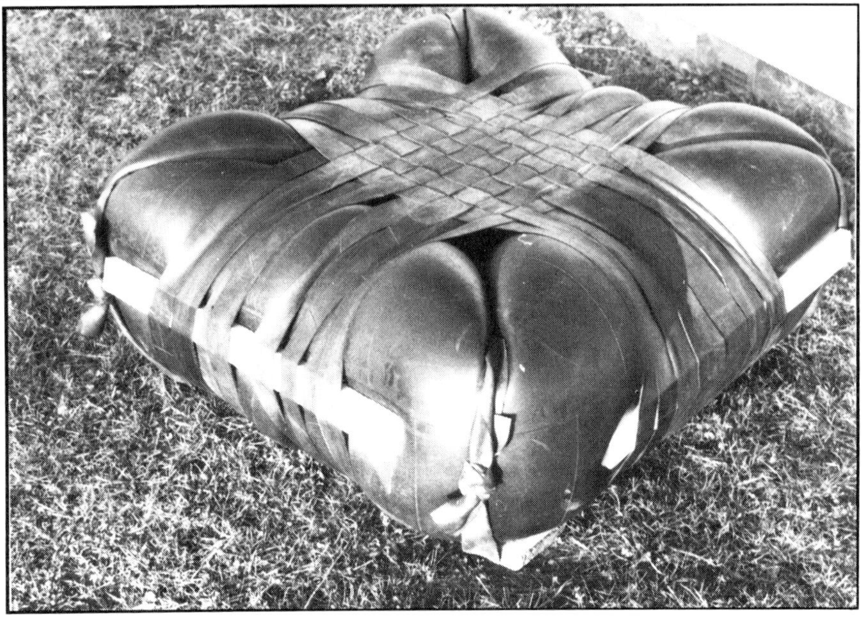

„baupolizeiliche" Hinweise zum Schutz der Kinder

Die Handhabung der Materialien und Gerätschaften durch die Kinder muß vor allem verletzungssicher sein.

Scharfe Kanten, Ecken, Risse oder Splitterungen sind zu beseitigen, zu glätten, zu schmirgeln oder abzurunden. Schon bei der Bearbeitung werden die Kinder auf Mängel am Material hingewiesen und an deren Beseitigung durch leichtere Arbeiten (glätten, schmirgeln) selbst beteiligt. Später auftretende Defekte beim Gebrauch des Materials können ihnen somit eher auffallen.

Es empfiehlt sich, die Holzteile mit einem Klarlackanstrich zu versehen, um sie haltbarer und splitterfreier zu machen. Alte, rauhe Holzbohlen (vom Bau) wandeln sich in interessante Bauteile, wenn sie rundum mit Teppichboden beklebt werden. Damit geben sie griffige und weiche Auflageflächen ab. Auch die größeren PVC-Rollen lassen sich mit Teppichboden bekleben — sie sind dann trittfester und können nicht so leicht rutschen. Größere Geräte müssen hin und wieder auf Schadstellen untersucht werden.

Der Erwachsene hilft anfänglich den Kindern beim Transport, Abbau und Lagerung mit Rat und Tat. Er weist auf mögliche Gefahrenquellen hin und hilft, diese zu beseitigen oder gar nicht erst entstehen zu lassen.

Befestigungen an Decken oder Wänden zum Ein- und Aufhängen von Netzen, Tauen, Brettern etc. (Haken, Ösen) müssen die notwendige Trag- und Zugfestigkeit aufweisen.

10. Literaturhinweise

1. **Dien, L./Gerhardus, H.:** Kinder lernen Sport, Bd. 4, Sport im 4. bis 6. Lebensjahr, Kösel, München 1973

2. **Frommelt, W./Mayrhofer, H./Zacharias, W.:** eltern spielen kinder lernen, handbuch für spielaktionen, rowohlt-Taschenbuch, Reinbek b. Hamburg 1975

3. **Frankfurter Arbeitsgruppe:** Offener Sportunterricht — planen und analysieren, rowohlt-Taschenbuch, Reinbek b. Hamburg 1982

4. **Ehni, H./Kretschmer, J./Nimtsch, B./ Scherler, K./Weichert, W.:** Kinderwelt: Bewegungswelt, Friedrich, Seelze 1982

5. **Erke, H.:** Anforderungen von Kindern an die städtische Umwelt — Entwicklungspsychologische Aspekte, In: Seminar für Planungswesen der Techn. Univers. Braunschweig, Kinder in der Stadt, Heft 19, März 1980

6. **Lefold, P.:** Spielaktionen, Schroedel, Hannover 1979

7. **Scheel, D./Palm-Scheel, L.:** Kinder brauchen Bewegung, Elternhilfe für Vorschulkinder, Ehrenwirth, München 1978

8. **Schick, E.-M.:** Zur Bewegungserziehung in der Familie, Hofmann, Schorndorf 1981

9. **Schottmayer, G./Christmann, R.:** Kinderspielplätze. Beiträge zur kindorientierten Gestaltung der Wohnumwelt. Band 44/1 der Schriftenreihe des Bundesministers für Jugend, Familie und Gesundheit, Stuttgart/Berlin/Köln/Mainz 1976

10. **Vogt, W.:** Bewegungsförderung, Schroedel, Hannover 1975

11. **Zimmer, R.:** Sport und Spiel im Kindergarten, Klett, Stuttgart 1980

12. **Arbeitsgruppe Vorschulerziehung:** Curriculum Soziales Lernen, Bd. Spielsituationen, Kösel, München 1980

Ihre Praxis ist unser Programm!

Gisela Röttgen
Spielerlebnisse zum handelnden Spracherwerb
Tier-Theater-Texte
Das Programm ist geeignet für Kinder mit Störungen in der Aufnahme, Verarbeitung und Wiedergabe von Sprache, unökonomischer Atmung, Störungen der Bewegung, Wahrnehmungsschwierigkeiten und Kontaktstörungen.
◆ 1993, 140 S., Format DIN A 4, Ringbindung
ISBN 3-86145-039-9 **Bestell-Nr. 8510, DM 38,00**

◆ Dazu erhältlich: **Schülerarbeitsheft (Malbuch)** mit 18 Tierbildern zum Ausmalen, 40 Seiten, Format DIN A 4, geh, ISBN 3-86145-050-X
Bestell-Nr. 8514, DM 8,80

Inge Hauke/Andrea Hansen-Ketels/Gottlob Rieck
Psycho-Motorik-Kartei
Ganzheitlich ausgerichtete Bewegungs-, Wahrnehmungs- und Spielangebote zur Frühförderung
◆ 1993, 224 Stations-Spielkarten DIN A6, 28 Registerkarten, 28 Themenkarten DIN A5, Begleitheft (52 S., enthält Kopiervorlagen), im Ordner
ISBN 3-86145-038-0 **Bestell-Nr. 8108, DM 68,00**

Linda Bidabe/John M. Lollar
M.O.V.E.
Mobilitätstraining für Kinder und Erwachsene mit Behinderung
Dies ist ein Programm zur Erlangung der Fertigkeit des Sitzens, Stehens und Gehens bei **älteren** körperbehinderten Kindern (ab 7 Jahren). Die Autoren können anhand Ihrer eindrucksvollen Erfolge in der Erziehung zur Selbständigkeit nachweisen, daß bei älteren Behinderten, im Gegensatz zum üblichen Vorgehen bei Kleinkindern, durch das Üben sinnvoller, dieser Altersgruppe angemessener Aktivitäten, die notwendigen Lernschritte nachvollzogen werden können, obwohl bestimmte Stufen in der kindlichen Bewegungsentwicklung vorher nicht erreicht werden konnten.
◆1993, 268 S., Format 21x28 cm, reichhaltig illustriert, Ringbindung
ISBN 3-86145-037-2 **Bestell-Nr. 8109, DM 58,00**

Klaus Hennicke/Wilhelm Rotthaus (Hrsg.)
Psychotherapie und Geistige Behinderung
◆ 1993, 256 S., Format DIN A 5, br
ISBN 3-8080-0313-8 **Bestell-Nr. 1410, DM 38,00**

Christian Gaedt/Sabine Bothe/Henning Michels (Hrsg.)
Psychisch krank und geistig behindert
Regionale Angebote für psychisch kranke Menschen mit geistiger Behinderung
◆ 1993, 184 S., Format DIN A 5, br
ISBN 3-8080-0308-1 **Bestell-Nr. 1461, DM 24,80**

Michael Baumgartner/Gisela Färber/Franz Michels
SpikS
Spielekartei für Sonder- und Heilpädagogik
◆ 1992, Begleitheft 20 S., 180 Karteikarten Format DIN A 6, im Ordner
ISBN 3-8080-0263-8 **Bestell-Nr. 1141, DM 48,00**

Barbara Cárdenas
Diagnostik mit Pfiffigunde
Ein kindgemäßes Verfahren zur Beobachtung von Wahrnehmung und Motorik (5-8 Jahre)
◆ 2., verb. Aufl. 1993, 200 S., Format 16x23cm, br
ISBN 3-86145-060-7 **Bestell-Nr. 8529, DM 39,80**

Herbert Steiner
Gemeinsam gestalten
Arbeitsbuch zur integrativen Kreativitätsförderung
◆ 2. unveränd. Aufl. 1993, 220 S., 8 Farbabb., 125 s/w Abb. und Anleitungen, Format 16x23cm, br
ISBN 3-86145-027-5 **Bestell-Nr. 8600, DM 48,00**

Paula Tietze-Fritz
Handbuch der heilpädagogischen Diagnostik
Konzepte zum Erkennen senso- und psychomotorischer Auffälligkeiten in der interdisziplinären Frühförderung
◆ 2., durchges. Aufl. 1994, 272 S., Format 16x23cm, br
ISBN 3-8080-0325-1 **Bestell-Nr. 1143, DM 48,00**

Michael Kalde
Vom spielerischen zum sprachlichen Dialog mit behinderten Kindern
Ein Buch zur handlungsorientierten Spiel- und Sprachmotivation
„Sehr praxisnah, ideenreich. Übersichtlich angeordnet und mit dem Anhang ein Buch, das zum Handeln einlädt. • Ausgezeichnet! • Entspricht offenbar genau unseren Bedürfnissen. Bin sehr froh, dieses Buch gefunden zu haben.“ *Leserstimmen*
◆ 1992, 144 S., Format 16x23cm, br
ISBN 3-8080-0264-6 **Bestell-Nr. 1460, DM 38,00**

• Bitte fordern Sie unser kostenloses Gesamtverzeichnis! •

vml verlag modernes lernen borgmann publishing

Hohe Straße 39 • D - 44139 Dortmund • ☎ 12 80 08 • FAX (02 31) 12 56 40